Curación con Cristales

Una guía para la curación por medio de cristales, el campo de energía humano, ¡y cómo mejorar su salud con los cristales!

Contenido

Introducción

¡Gracias por tomarte el tiempo de leer este libro sobre la curación con cristales!

En los próximos capítulos, aprenderás lo que es la sanación con cristales, la forma en que funciona y las dolencias que puede ayudar a tratar. Descubrirás exactamente cómo usar los cristales para mejorar tu vida, ¡y se te proporcionarán varios métodos para recargar y energizar los cristales antes de usarlos!

Además, se te proporcionará una lista completa de los diferentes cristales más utilizados, ¡junto con los beneficios asociados a cada uno de ellos!

La curación con cristales se ha utilizado durante miles de años en todo el mundo para ayudar a las personas a superar diferentes dolencias y mejorar su salud y bienestar general. Al terminar este libro tendrás una buena comprensión de la curación con cristales, ¡y estarás listo para probarlo por ti mismo!

Una vez más, gracias por elegir este libro, ¡espero que te sea útil!

Capítulo 1: La historia de los cristales

<u>Civilizaciones antiguas</u>

Los cristales han existido y se han utilizado durante la existencia de los humanos. Su amplio uso comenzó durante la era de los antiguos egipcios, griegos y chinos. Las piedras y los cristales están incluso mencionados en la Biblia varias veces.

Los cristales comenzaron como herramientas de curación, ofreciendo un equilibrio emocional y espiritual. Con el paso del tiempo, los cristales se convirtieron rápidamente en gemas para todo tipo de usos. Los antiguos usaban los cristales como herramientas de belleza, piezas de moda y para partes de sus rituales. Los japoneses, por ejemplo, usaban los cristales en sus tradiciones proféticas.

Los antiguos egipcios son conocidos popularmente por frotar cristales de Cuarzo Rosa en su piel para mantener una tez brillante. Se cree que Cleopatra, una de las mujeres más poderosas del Antiguo Egipto, se bañaba con trozos de Cuarzo Rosa para mantener su juventud. Las mujeres egipcias también transformaron el Cuarzo Rosa en polvo y lo usaron como ingrediente de una poción de amor, aprovechando la capacidad del Cuarzo Rosa para atraer el amor. También molieron la malaquita en polvo y la usaron como una moderna sombra de ojos.

Los antiguos egipcios también usaban cristales en los entierros. Siempre ponían un cristal en la frente de un cadáver, ya que creían que un cristal tenía energía espiritual que guiaría el alma del muerto en la otra vida.

Los antiguos sumerios usaban los cristales como una herramienta para practicar su destreza mágica.

Los antiguos griegos también eran partidarios de usar los cristales para muchos propósitos diferentes. De hecho, los nombres de muchas gemas modernas se derivan de terminologías griegas.

La palabra "cristal" en sí misma se derivó de la palabra griega "krustullos" que significa hielo. Los griegos pensaban que los cristales eran simplemente agua congelada de los cielos. Solían frotar Hematita o Mineral de Hierro en el cuerpo de sus soldados como un ritual de protección durante la guerra. El mineral de hierro se asocia a Aries, el dios griego de la guerra.

Los romanos también usaban cristales de una manera similar. Sus soldados llevaban talismanes de cristal y amuletos. Creían que los cristales les proporcionarían protección contra sus enemigos y les ayudarían a atraer una buena vida.

Además de los antiguos egipcios, los antiguos sumerios y mesopotámicos también se consideran entre las primeras civilizaciones en utilizar cristales en el departamento de curación y energía. Se cree que se adornaron con cristales como cornalina, lapislázuli y turquesa para protegerse de las energías negativas y las enfermedades.

No obstante, tal vez fueron los antiguos chinos quienes usaron gemas en un método muy similar a las técnicas de curación con cristales que existen hoy en día. Los antiguos chinos tenían una particular fascinación por el Jade, una piedra de color verde que creían que tenía fuertes poderes y que personificaba las cinco virtudes más importantes que guardaban. Para los antiguos chinos, el Jade simbolizaba el coraje, la caridad, la justicia, la modestia y la sabiduría.

Casi todas las civilizaciones antiguas creían en los poderes de los cristales. Atribuían a las piedras luminosas y de color que descubrían en la tierra determinadas características, poderes y usos.

Esta fascinación por las piedras continuó hasta el siglo XI y el período del Renacimiento. Emergieron publicaciones sobre las piedras. Los expertos llevaron a cabo estudios para probar que un cristal tenía su propia destreza mágica. Fue la época en que comenzaron a surgir libros y escritos sobre trabajos astrológicos. Los escritores iniciaron la publicación de manuales que trataban sobre los diferentes tipos de piedras preciosas junto con los poderes específicos que poseen, sus usos específicos y las diferentes enfermedades que pueden curar.

Las culturas antiguas se aferraron a la creencia de que los cristales eran regalos especiales enviados por sus dioses. No obstante, también creían que los cristales podían ser corrompidos, especialmente cuando eran poseídos por un pecador. Esto preparó el camino para el surgimiento de técnicas de limpieza de cristales que aún se practican ampliamente hasta el día de hoy.

Durante el período del Renacimiento, la gente no tenía acceso a la medicación y la educación adecuadas. Simplemente dependían de los cristales para tratar enfermedades específicas del cuerpo, e incluso de la mente.

La era moderna de los cristales

Las antiguas civilizaciones establecieron firmemente el uso y las propiedades curativas de los cristales. Por consiguiente, la incorporación de la curación con cristales en los primeros tiempos de la medicina moderna no debería ser una sorpresa.

Los cristales eran importantes en la sociedad de la India moderna, donde se enseñaba a la gente la importancia del Nirvana. Los indios utilizaban los cristales para la curación mental y espiritual en general, junto con otras técnicas médicas tradicionales.

Además del pueblo indio, los chinos también utilizaron el método de usar piedras para el bienestar holístico. Introdujeron el concepto de los chakras; declarando que el cuerpo humano es capaz de despertar un chakra específico utilizando una piedra especial absorbente de energía.

Cuando empezó el New Age, los occidentales adoptaron estos conceptos holísticos y empezaron a usar piedras como un método de bienestar general semejante a las técnicas de curación con cristales de hoy en día.

En los años 80, aumentó la demanda para obtener más conocimientos sobre los misterios de los cristales. Como respuesta, los expertos publicaron más estudios sobre el poder de los cristales. Conforme se han establecido más información y estudios, la práctica de la curación con cristales ha florecido inmensamente en los tiempos modernos. Mucha gente moderna usa los cristales no solo para el bienestar holístico, sino también para otros propósitos como la decoración y la joyería.

Actualmente, el concepto de usar cristales continúa creciendo. Los chakras se están convirtiendo en un concepto más ampliamente aceptado, por ejemplo, y la demanda de terapias alternativas crece constantemente.

Hay mucha gente, incluyendo algunas celebridades famosas, que se aferran a las habilidades mágicas de los cristales para mejorar sus vidas. La popular modelo americana Miranda Kerr ha compartido abiertamente su ritual de colocar un diminuto trozo de cuarzo de rosa en su sostén izquierdo. Este cristal rosa es conocido por abrir el chakra del corazón; por lo tanto, atrae todas las formas de amor.

Capítulo 2: La ciencia de la curación con cristales

Con el avance de la ciencia y la tecnología, la credibilidad de los cristales se ha consolidado. La base de sus propiedades curativas y metafísicas ya no están solo enraizadas en las creencias y tradiciones impuestas por las sociedades antiguas. Los efectos de la curación con cristales están ahora respaldados por pruebas y datos científicos sólidos.

En 1913, Albert Einstein presentó la Teoría de la Energía del Punto Cero. Años más tarde, con la amplia aceptación de la curación con cristales en la sociedad moderna, los expertos utilizaron esta teoría para probar la destreza de los cristales. Crearon una máquina basada en cristales que produce un campo electromagnético estable.

Este campo electromagnético fue probado sobre diferentes tipos de líquidos. Los investigadores descubrieron que el campo electromagnético de los cristales es diez veces superior en cuanto a la capacidad de generar electricidad. A través de este estudio, también se demostró que el campo electromagnético de un cristal tiene la capacidad de inducir calma y sentimientos de sensibilidad, aprovechando sus efectos en el estado mental de una persona.

Los cristales tienen una fuerte propiedad llamada Piezoelectricidad que es científicamente conocida por producir electricidad a partir de la presión mecánica. En consecuencia, un cristal puede producir una carga eléctrica cuando se le presiona, como cuando se comprime o se estira.

A su vez, esta carga eléctrica hace que el cristal vibre tan rápido como 30.000 veces por segundo. El cuerpo humano, en cambio, es científicamente conocido por crear regularmente señales eléctricas. Por consiguiente, la relación entre el cuerpo humano y los cristales es científicamente innegable.

El Sistema Nervioso Central del cuerpo posee frecuencias eléctricas que corren a lo largo de la columna vertebral. Cuando se alinea con sus frecuencias establecidas, la columna vertebral vibra a través de sus principales centros de energía. Conectados a estos grandes centros de energía hay centros nerviosos específicos; los siete chakras, por ejemplo. Así pues, hay una fuerte conexión entre el Sistema Nervioso Central y las vibraciones. Esta conexión proporciona una de las bases más sólidas en cuanto a cómo los cristales afectan al cuerpo.

Los cristales proporcionan vibraciones con las que el cuerpo puede conectarse. Al estar en armonía, los centros de energía del cuerpo pueden fluir libremente y sintonizarse con una frecuencia que se asocia a una cuestión metafísica o física específica.

Todos los cristales están compuestos de oxígeno y sílice, dos de los elementos más predominantes en la Tierra. Esto puede ser usado como evidencia de que un cristal es uno de los bloques de construcción fundamentales de la vida.

El ochenta por ciento de la corteza terrestre está compuesta de Sílice y Oxígeno. El silicio también es un fuerte conductor de electricidad. Esto convierte al cristal en un elemento importante tanto en la tecnología como en la naturaleza.

Los científicos han demostrado que el universo y todo lo que hay en él, inclusive el cuerpo humano y los materiales sólidos como los cristales, están hechos de energías. Pueden ser invisibles a simple vista, pero los investigadores confirman que el cuerpo humano y los cristales están hechos del mismo tipo de energías.

Mediante los avances modernos, los científicos ya han encontrado formas de incorporar los cristales en la vida diaria de la humanidad. Por ejemplo, el reloj que llevas puesto está compuesto de un cristal de cuarzo claro, que es el responsable de hacerlo funcionar.

Los cristales están siendo utilizados incluso en la medicina moderna. La mayoría de las compañías farmacéuticas utilizan minerales molidos que se encuentran dentro de los cristales de curación cuando fabrican medicinas.

No obstante, otros expertos han intentado probar los efectos de la curación con cristales en animales para obtener resultados objetivos. En un estudio realizado por terapeutas de cristales, se descubrió que los animales también absorben energías electromagnéticas de las piedras preciosas. Un gato, por ejemplo, puede sentir la ubicación de las amatistas colocadas en una tela. El gato pasa constantemente por encima de la red de curación de la amatista para descansar.

La curación con cristales también puede aplicarse a animales enfermos. Si colocar un cristal en el cuerpo del animal parece inconveniente, entonces, el animal puede beber el elixir de gemas en su lugar.

El método más común de usar un cristal para la curación es colocarlo sobre el cuerpo para transferir energías. Los cristales pueden transferir sus propiedades curativas de forma similar a un imán. Cuando se coloca sobre una cierta parte del cuerpo, el cristal permite que las energías del cuerpo se muevan, vibren, pulsen y cambien dependiendo de las propiedades metafísicas que envuelve el cristal. Se cree que estas energías son responsables del bienestar general del cuerpo.

No hay límite para el tipo de enfermedad o dolencia que un cristal puede curar. Sus propiedades metafísicas y curativas pueden ser aprovechadas siempre y cuando se elija la piedra correcta, y se practiquen las aplicaciones adecuadas. Los cristales pueden curar enfermedades físicas como migrañas o dolores corporales. También pueden curar enfermedades emocionales como la depresión y la ansiedad. Además, los cristales también promueven la curación holística al equilibrar los siete chakras del cuerpo.

Según las tradiciones espirituales de los pueblos orientales, el cuerpo está compuesto por siete chakras que representan diferentes aspectos de la vida. Estos incluyen los elementos físicos, espirituales, psicológicos y energéticos del cuerpo.

El primer chakra se llama Raíz, que se encuentra en la base de la columna vertebral. El segundo chakra se llama Sacro, que está justo debajo del ombligo. El tercer chakra, conocido como Plexo Solar, se encuentra en el estómago. El cuarto chakra es conocido como el corazón, que está básicamente en el centro del pecho. El quinto chakra se llama Garganta, que se encuentra en la base de la garganta. Situado en el pequeño punto imaginario en el centro de la frente y entre los dos ojos, el sexto chakra es conocido como el Tercer Ojo. El último chakra se llama Corona, que está en la corona de la cabeza. Estos chakras no son entidades físicas, sino energías espirituales.

Un cristal tiene tres maneras de curar y regular el desequilibrio de las energías en el cuerpo. El primer método se llama energizante, en el que un cristal transfiere energía a la mente, el cuerpo y el alma con la ayuda de frecuencias. Un cristal toma la energía de su propio campo cuántico y la transfiere al campo energético de su cuerpo. Este método es comparable a la forma en que la electricidad transfiere y conduce la energía a un objeto.

La limpieza es el segundo método en el que el cristal actúa como un imán que recoge las energías negativas del cuerpo.

Finalmente, el método de equilibrio se ocupa principalmente de la paz interior de uno mismo. Los expertos cósmicos dicen que las energías del cuerpo humano son simétricas o están perfectamente alineadas. Sin embargo, este alineamiento se vuelve irregular debido a factores externos como el estrés. Un cristal puede repeler y atraer las energías desequilibradas del cuerpo para promover la armonía interna.

Capítulo 3: Cómo usar los cristales para la autocuración

El uso de cristales para la curación no se limita solo a colocarlos sobre la zona afectada del cuerpo. También se cree que los cristales sanan incluso cuando se usan, se sostienen o se colocan en un lugar especial.

La colocación de los cristales en el cuerpo

La forma más común de usar un cristal curativo es colocarlo sobre un área específica del cuerpo. Esta técnica es usada en los modernos salones de spa. Es efectiva cuando se trata de una tensión específica en el cuerpo como un dolor de cabeza, o espasmos musculares. Basta con colocar el cristal en la zona afectada. Si estás trabajando en un chakra específico, elige una piedra que complemente ese chakra, y colócala en el cuerpo. Los cristales agitarán las energías en esa parte específica del cuerpo para liberarla de la tensión.

Sin embargo, los cristales no tienen que quedarse fijos sobre el cuerpo. El movimiento de los cristales alrededor del cuerpo también tiene un tipo de poder diferente, ya que el campo de energía en el cuerpo se extiende hasta 3 pies a tu alrededor.

Puedes optar por usar un rodillo de cristales. Un rodillo de cristal se parece a una vara práctica con dos piedras en ambos extremos. La herramienta funciona suavemente como un pequeño rodillo de pintura. Simplemente desliza las piedras por diferentes partes del cuerpo para equilibrar toda tu aura.

En la sección de belleza, los rodillos de cuarzo rosa se han convertido en una tendencia. Dado que el Cuarzo Rosa tiene un suave tono rosado, muchas mujeres se han fascinado con su seductora belleza. Un rodillo de Cuarzo Rosa se utiliza para deslizarse por la cara con el fin de curar las impurezas de la piel.

El uso de los cristales en la meditación

Con solo sostener una piedra poderosa y energética durante una meditación silenciosa, puedes empezar a experimentar momentos serenos de calma perspicaz y de cambio de vida. Para aplicar esta técnica, el primer paso es buscar un lugar tranquilo lejos de las distracciones externas. Seguidamente, sostén un cristal en tus manos. Cierra los ojos y concéntrate en tu respiración. Inhala más profundamente durante los primeros segundos para liberar la tensión en la mente y el cuerpo.

A medida que te relajes más, concéntrate en respiraciones más ligeras pero constantes. Deja que los cristales resuenen a tu alrededor. Puede que te sientas ligero como una pluma, o como si estuvieras flotando en el aire. A veces, también puedes sentir que tu cuerpo se está hundiendo en la tierra. Hay otros que dicen que meditar con los cristales les da una inexplicable sensación de piel de gallina.

También puede haber momentos en los que un cristal no da una sensación de resonancia. Puede simplemente significar que el cristal que sostienes emite una vibración diferente y no es adecuado para tus necesidades o intenciones. Cuando esto ocurra, sé paciente y experimenta con otro cristal, ya que cada piedra tiene una propiedad metafísica única.

Dormir con un cristal a tu alrededor

Dormir con un cristal cerca de ti ayudará a sanar y repeler las negatividades de tu subconsciente. Estas negatividades son en su mayoría miedos que la mente racional trata de ignorar, y a menudo se traducen en pesadillas. Levantarse con lentitud es una clara señal de que tu mente subconsciente está perturbada por las negatividades.

La mente de una persona está dominada por obstáculos internos cuando está en reposo. Por eso, el mejor momento para curar el desajuste de las energías mentales es durante el sueño. Puedes poner un cristal debajo de tu almohada, a tu lado, o en un lugar cercano a ti. El cristal limpiará la mente subconsciente de todas las negatividades durante la noche. Esto hace que te sientas más recargado y positivo al despertarte por la mañana. Más aún, algunas personas incluso notan los efectos positivos del cristal en sus sueños.

Crear una Red de Cristal

Un solo cristal en una mano ya tiene poderes increíbles. Sin embargo, aún puede multiplicar estos poderes cien veces al alinear diferentes cristales en una red.

La creación de una rejilla de cristales es una antigua práctica de organizar numerosos cristales en un patrón geométrico armónico para combinar todos sus poderes. Esto es especialmente adecuado si se trata de lograr una intención específica.

Este concepto es comparable a un escenario típico de un partido de fútbol. Un solo jugador puede ser fuerte por sí mismo, pero cuando une fuerzas con otros compañeros, las fuerzas y habilidades combinadas crean más poder.

Cada cristal tiene diferentes energías externas que giran a su alrededor en diversas formas como el electromagnetismo, el sonido y la luz. Cuando se combinan con otros, los cristales se unifican en una fuerza universal.

Para crear una red de cristal, primero, dirige tu mente a un objetivo específico. Le pedirás a los cristales que trabajen en este objetivo por ti. Puede ser un sueño específico que quieres atraer, o una enfermedad de la que quieres ser curado; solo sé específico al respecto. Aparte de la manera de alinear los cristales, una intención clara es también un elemento poderoso que puede fortalecer las energías de los cristales. Escribe esta intención en una hoja de papel. Ten en cuenta que los cristales tienen el poder de atraer cualquier cosa que declares y pidas al universo.

Luego, elige los cristales para tu red. Puedes optar por un cristal que complemente tu intención, por ejemplo, un Cuarzo Rosa si pretendes atraer el amor y la paz interior. Básicamente, no hay reglas para elegir los cristales. Puedes simplemente dejar que tu intuición te guíe y elegir lo que desees.

Después de elegir los cristales, límpialos y el lugar donde pretendes colocar la red. Hay numerosos métodos utilizados para limpiar y cargar los cristales. Lavarlos bajo agua corriente o sumergirlos en una solución salina son los métodos de limpieza más comunes. Sin embargo, hay que tener cuidado al hacer esto, ya que no todos los cristales pueden ser sumergidos en agua. Estos métodos requieren una investigación exhaustiva de los componentes físicos de un cristal. Para estar seguro, puedes optar por otras técnicas de limpieza como el baño en la luna, el baño con luz solar, la limpieza de manchas o el enterramiento.

A continuación, coloca el trozo de papel (donde escribiste tu intención) en el centro del espacio sagrado elegido. Este paso es un elemento clave en la creación de una red de cristal; por lo tanto, requiere una profunda concentración. Declara lentamente tus intenciones ya sea mentalmente o diciéndolas en voz alta. Mientras declaras la intención, haz un esfuerzo para conectar con tu mente interior y el universo. Puede incluso poner música relajante o encender una vela para sumergirse en el ritual.

Luego, coloca cada cristal en la red, haciendo un patrón específico o una alineación. Una red de cristal habitual está compuesta por una Focus Stone en el centro, rodeada de seis Way Stones, y otro conjunto de seis Destination Stones.

La Focus Stone sirve como el imán que amplifica y atrae la Fuerza Vital Central a través de los poderes de su red de energía. Luego, dispersa la Fuerza Vital Central hacia las otras piedras en una onda que fluye hacia adentro y hacia abajo.

Las Way Stones, o los cristales que rodean la Focus Stone, son elementos importantes en la red. Su responsabilidad es comparable a la de una bomba de agua que modifica y amplifica el agua que fluye por la tubería. Los Way Stones también amplifican la energía universal que fluye de la Piedra Focal y la dispersan más allá a través de la red.

Las Destination Stones, o las capas más externas de cristales, representan el objetivo o propósito final de la red. Estas piedras deben ser elegidas en base a la intención final de la red. Estos cristales reúnen las energías de las Focus Stone y las Way Stones, y las moldean en la intención deseada de la red.

Las líneas o caminos de las energías complementan el diseño de la red. Cada red tiene diferentes formas geométricas, y cada forma tiene su propio significado espiritual significativo. Las líneas de la red sirven como caminos de energía, guiando a las piedras en el viaje hacia la intención. Transmiten y alinean las energías en su intención deseada.

Una de las formas geométricas más utilizadas en una red de cristal es la Flor de la Vida. Cuenta con diecinueve círculos que se superponen entre sí, creando un patrón de flores. Hay un gran círculo que rodea los diecinueve que se superponen. La Flor de la Vida es un fuerte símbolo universal de la naturaleza, la vida y todas las creaciones del universo. Este símbolo se asemeja a las creaciones esenciales en la tierra - frutas, flores, copos de nieve y células humanas. Se cree que tiene una fuerte conexión con las energías más allá del reino físico.

Otro patrón de red común es el de los Anillos Borromeos. A simple vista, los Anillos Borromeos parecen tres óvalos superpuestos. Este patrón se originó en la mitología celta, simbolizando su diosa de la luna. La trinidad también se atribuye a la armonía de la mente, el cuerpo y el espíritu.

Otros patrones comunes de geometría sagrada utilizados en una cuadrícula de cristal son Mandela, El Ojo de Horus, Hexágono, Pentágono, Cuadrado, Círculo, Triángulo y la Semilla de la Vida.

Puedes sostener una varita de cristal y cerrar los ojos mientras viajas con tu mente a las galaxias. Cree que los pulsos de energía vital y amor puro fluyen de la galaxia a la varita. Apunta la varita a la Piedra de Foco. Imagina que los pulsos de energía vital de la varita fluyen hacia la Piedra Focal. Luego, apunta la varita a cada cristal, creando una línea imaginaria que conecta los cristales entre sí. Recuerda que la persona que declaró la intención también debe ser la que complete este paso. Si la intención es para un grupo de personas, entonces todos deben unirse al ritual de alineación.

Cuando tengas tiempo de detenerte en tu red todos los días, pasa unos momentos atrayendo todas las energías que fluyen de los cristales. Permite que estas energías te guíen hacia tus intenciones o deseos.

Usa tus cristales

Durante la antigüedad, los cristales eran usados por los sumos sacerdotes y reinas a través de sus escudos y coronas. Llevar un cristal como joya puede ayudar a equilibrar los niveles de energía a lo largo del día. Recuerda que los cristales pueden repeler, absorber y transmitir energía a tu alrededor. Adornar tu cuerpo con un cristal funciona de manera similar a tomar un suplemento por la mañana. La píldora funciona nutriendo el cuerpo durante todo el día. El cristal también funciona de la misma manera al nutrir tus niveles de energía.

También puedes llevar un cristal curativo contigo. Sin embargo, no es aconsejable mantener el cristal escondido, por ejemplo, poniéndolo en el bolsillo. Cualquier tipo de ropa puede cubrir las energías absorbidas por el cristal. En la medida de lo posible, el cristal debe tener contacto directo con la piel.

Si no puedes evitar poner el cristal en tus bolsillos o cartera, puedes simplemente sacarlo cuando lo necesites. La cantante americana Adele admite tener una piedra curativa en su mano para luchar y calmar su miedo escénico al actuar. Como extra, llevar el cristal como joya te hace parecer más atractivo ya que los cristales tienen un innegable atractivo.

Úsalo como decoración

Los cristales pueden alegrar tu espacio, añadir una sensación de lujo a tu casa y provocar una curación holística. Decorar tu casa con piedras curativas puede fortalecer tu conexión con la Madre Naturaleza. A su vez, puede traer paz, beneficios terapéuticos y calma a tu interior.

Los cristales curativos pueden también atraer la abundancia y repeler las energías negativas. Hoy en día, los cristales se han modernizado para adaptarse a los diseños arquitectónicos modernos. Debido a que la jardinería con cristales se está convirtiendo en una tendencia hoy en día, las plantas de aire montadas en un cristal son ahora una de las principales opciones de decoración de la arquitectura moderna. Los cristales colgados en un atrapa-sueños también pueden ser exhibidos en una pared. La iluminación cristalizada también añade un atractivo magnífico y elegante a un espacio. Algunos ejemplos de iluminación cristalizada son las pantallas de lámparas, luces colgantes o candelabros incrustados con piedras preciosas.

Bebe una esencia de gema

Una esencia de gema, también conocida como elixir de gemas, o agua cristalina, también puede ser mezclada en el agua potable.

La fabricación de un elixir de gemas es similar al proceso de fabricación de una esencia floral. Se puede utilizar un solo cristal o una combinación de diferentes tipos para hacer un elixir. Usar más cristales, por supuesto, aporta una mezcla sinérgica más poderosa.

Prepara los siguientes ingredientes y materiales:

1. Uno o más cristales cuya energía quieres absorber. Como consejo, añadir un Cuarzo Claro puede traer una carga de energía más fuerte al elixir.

2. Dos frascos de vidrio de color oscuro de diferentes tamaños; el marrón o el azul oscuro es el mejor.

3. Dos recipientes de cerámica limpios de diferentes tamaños. El recipiente más pequeño debe caber dentro del más grande. Se recomienda usar un recipiente de cerámica profundo y un vaso o tarro transparente más pequeño.

4. Un gotero.

5. Conservante - esto puede ser cualquier variedad de vinagre o vodka. Esto también se utilizará para establecer las vibraciones de energía de los cristales.

6. Agua destilada o de manantial. Otros prefieren usar el agua de lluvia para hacer que la esencia de la gema esté más en sintonía con el universo.

7. Un espacio sagrado - puede ser en el interior si lo prefieres, pero es mejor si también puede ser un área que reciba luz solar directa o luz de la luna; como un lugar junto a una ventana.

Sigue estos pasos para hacer el elixir o esencia de gema:

1 Despeja o carga los cristales.

2. Elige un lugar con abundante luz solar o luz de luna. También puedes optar por tu espacio sagrado personal.

3. Una vez que estés listo para hacer la esencia de la gema, aclara y alinea tu mente con el universo. Puedes meditar, rezar o tomar respiraciones controladas. A continuación, declara tu intención al universo. Debes tener una intención específica con la que la esencia de la gema trabajará. Abraza la asistencia divina y la ayuda de los cristales para declarar tus intenciones.

4. Coloca los cristales en el recipiente más pequeño (el vaso o tarro transparente). Sellar el contenedor si es posible.

5. Coloca el recipiente más pequeño dentro del más grande (recipiente de cerámica profundo). Vierte lentamente el agua en el recipiente más grande. Asegúrate de que el agua no entre en el recipiente pequeño.

6. Rodea el contenedor con cristales adicionales para intensificar la energía.

7. De nuevo, declara tus intenciones en voz alta.

8. Deja el set bajo la luz del sol, la luz de la luna o en un espacio sagrado durante cinco horas o más. Esto permitirá que el agua absorba todas las energías de los cristales.

9. Una vez que esté listo, saca con cuidado el pequeño contenedor. El agua cargada en el recipiente más profundo se llama la Esencia Madre, o Stock. Consigue una botella grande y llénala con ¾ de la reserva.

10. Añade el vinagre o el vodka en la botella grande y ciérrala. El vodka o el vinagre actuará como conservante. Cuando se refrigere, la esencia de la gema durará unos pocos días.

9. Vierte el resto del stock o la esencia madre en la botella más pequeña y bébetela inmediatamente. Si quieres diluir el stock primero, puedes simplemente añadir un poco de agua destilada o de manantial.

Capítulo 4: Uso de cristales para curar a otros

La terapia de cristales

La Cristaloterapia es la técnica de curación que consiste en colocar diferentes minerales o cristales en el cuerpo de una persona. Esto ayuda a dejar el estrés y el dolor, adquirir un profundo estado de relajación y equilibrar las energías del cuerpo. Los cristales se colocan en los puntos de acupuntura o meridianos, en puntos dolorosos del cuerpo, o en los chakras. A menudo, los cristales no se colocan en el propio cuerpo, sino alrededor del paciente.

Esta técnica es comúnmente usada en tratamientos de spa o salones de curación y es hecha por terapeutas de cristales que tienen una certificación profesional. Puede ser realizada por cualquier persona siempre y cuando esté equipada con el suficiente conocimiento en la curación con cristales.

Existen varios factores a considerar en la terapia con cristales, como el tipo de enfermedad o dolor y las propiedades metafísicas de la piedra elegida. Puedes confiar en tu intuición para decidir dónde colocar los cristales. Sin embargo, los terapeutas de cristales profesionales utilizan una disposición específica cuando colocan los cristales en el cuerpo del paciente.

Uno de los diseños más comunes utilizados en la terapia de cristales se llama "La figura del ocho". En esta disposición, los cristales se disponen para formar una figura similar al número ocho (8). Se usa para liberar energías estancadas en un área específica del cuerpo.

Otra disposición común se llama "Sello de Salomón". En esta disposición, seis cristales se utilizan para formar una figura de estrella. Un cristal en el centro es opcional pero puede aportar una curación más intensa. El "Sello de Salomón" se usa especialmente para aliviar el estrés y el dolor.

La disposición o posición de los cristales depende del dolor del paciente. Los curanderos profesionales de cristales creen que un dolor particular en el cuerpo es simplemente una manifestación externa de una mala alineación de la energía interna.

Por ejemplo, los terapeutas de cristales dicen que un dolor de cabeza se debe simplemente a un bloqueo en la energía del cuerpo. Cuando se cura un dolor de cabeza, la amatista tiene la mayor capacidad de mover la energía bloqueada a un alineamiento adecuado.

Para empezar, hay que dejar que el paciente se tumbe de espaldas. Coloca dos cristales en la garganta con el lado puntiagudo hacia arriba. Los cristales deben estar alineados con los dos extremos más internos de las clavículas.

Usa otro cristal y colócalo sobre la corona de la cabeza, con la parte puntiaguda hacia fuera de la corona. Descansa el último cristal en la punta media de la frente; o en el chakra de la frente. La parte puntiaguda del cristal debe estar orientada hacia arriba, hacia la corona de la cabeza.

Si el paciente se queja de un dolor de cabeza por los músculos del cuello, entonces coloca otro cristal en las vértebras cervicales del cuello justo debajo de la parte posterior de la cabeza. El lado puntiagudo del cristal debe estar orientado hacia la cabeza. Puedes usar un microporo para ayudar a que el cristal permanezca en su lugar.

Dolor de garganta

Algunas de las enfermedades subyacentes relacionadas con el dolor de garganta pueden ser laringitis, problemas de tiroides, úlceras en la boca, dolor en el oído y dificultad para oír.

El chakra de la garganta está asociado con el autoconocimiento, la fuerza de voluntad, la elección de sonidos y el contacto con la verdad interior. Por consiguiente, un bloqueo en el chakra de la garganta obstaculiza la capacidad de la mente para tomar decisiones importantes y emprender acciones de transformación.

Las energías perfectamente alineadas en el chakra de la garganta promueven el coraje para tomar decisiones poderosas, y la voluntad de abrazar las cosas invariables. Un chakra de la garganta bien equilibrado permite a una persona expresar sus creencias libre y honestamente.

La "Estrella de Salomón" es la distribución más común usada cuando se cura una dolencia relacionada con la garganta. Coloca un cristal en la base de la garganta; justo encima de la pendiente entre las esquinas internas de las clavículas. Luego, coloca otras seis u ocho piedras alrededor del cristal de la base. Coloca otro cristal debajo de la disposición en forma de estrella; justo encima de la base superior del pecho. Por último, coloca otro cristal en la base inferior del tórax.

Estrés

El estrés y otros problemas relacionados son cada vez más frecuentes en la acelerada sociedad actual. Para curar el estrés usando cristales, necesitarás siete puntos de cristal. Sin embargo, en lugar de apoyar los cristales en el cuerpo, tendrás que colocarlos en el tapete (donde el paciente está acostado).

Primero, coloca un cristal sobre la cabeza. A continuación, coloca otro conjunto de cristales a ambos lados de los hombros. Coloca los siguientes cristales a ambos lados de las rodillas. Por último, coloca dos cristales debajo de los pies. Los lados puntiagudos de los cristales deben estar hacia arriba. Deja que el paciente se relaje durante cuatro o cinco minutos. Después de cinco minutos, deja que los cristales miren hacia adentro (hacia el cuerpo). Espera otros cuatro o cinco minutos y vuelve a poner los cristales en su posición original (mirando hacia arriba). Haz esto alternativamente.

El uso de un rodillo de cristal para el masaje corporal

Una de las tendencias más recientes en la era moderna de la curación con cristales es el surgimiento de una útil herramienta de gemas llamada rodillo de cristal. Este utensilio de bienestar parece una pequeña varita o un rodillo de pintura. Su mango también está hecho de cristal, y en ambos extremos hay dos piedras de diferentes tamaños. Uno de los extremos es un cristal más grande y redondo que está pensado para ser rodado en las zonas más voluminosas del cuerpo. En el otro extremo hay una piedra más pequeña y más plana que está pensada para deslizarse en pequeñas articulaciones y esquinas del cuerpo. En un principio, estos rodillos fueron usados para masajes faciales, pero poco a poco se han convertido en una herramienta versátil para aliviar los dolores del cuerpo.

El concepto de usar un rodillo de cristal está ligado al flujo científico del sistema linfático del cuerpo. El sistema linfático es considerado como el área de desechos del cuerpo donde se recogen las toxinas y todas las demás impurezas. Idealmente, estas impurezas deben ser eliminadas del cuerpo. Sin embargo, al contrario del sistema circulatorio que tiene el corazón como bomba, el sistema linfático no tiene su propia bomba. No tiene la capacidad de eliminar las toxinas recogidas por sí mismo. Su desempeño depende de sus propias acciones - teniendo un estilo de vida activo, y participando en actividades físicas.

Si el sistema linfático se obstruye debido a un estilo de vida deficiente, las toxinas e impurezas acumuladas se almacenarán en el cuerpo humano. Esto eventualmente resulta en un sistema inmunológico pobre y enfermedades frecuentes. Deslizar un rodillo de cristal sobre los nódulos linfáticos puede ayudar a aliviar los bloqueos y eliminar las impurezas del sistema.

El uso de un rodillo de cristal para masajear los brazos

No hay reglas de oro que seguir cuando se usa un rodillo de cristal para el masaje. Puedes simplemente deslizar el rodillo dependiendo del estado de ánimo de la persona. El número de golpes o la duración de cada sesión depende únicamente de ti y del paciente.

Una forma correcta de empezar es deslizar el rodillo de cristal desde la axila hacia abajo por el codo usando una presión suave y golpes lentos. Desplaza el rodillo desde el codo hasta el hombro. A continuación, masajea la parte inferior del brazo rodando desde el codo hasta llegar a la muñeca.

Si el paciente tiene enfermedades nerviosas, como el síndrome del túnel carpiano, concéntrate en masajear el lado regordete de la parte inferior del brazo. Desliza el rodillo desde la muñeca hasta los codos en movimientos de atrás hacia adelante. Al hacer esto repetidamente se puede romper el tejido cicatrizado y las adherencias en los músculos de la muñeca y el antebrazo. Como resultado, los síntomas del síndrome del túnel carpiano también se rompen.

El uso de un rodillo de cristal para masajear las piernas

Comienza masajeando la zona de la ingle hasta los muslos. Rueda diligentemente sobre los muslos. Luego, baja a la parte inferior de la pierna, haciendo rodar hacia abajo desde la parte posterior de la rodilla. Los movimientos hacia abajo en la parte inferior de la pierna pueden ayudar al correcto drenaje del sistema linfático. Si hay una zona lesionada en la pierna, el masaje con un rodillo de cristal puede hacer que la recuperación sea más rápida. También puede reducir los moretones y la hinchazón. El masaje con rodillo de cristal también se recomienda a los pacientes que han tenido recientemente cirugías de rodilla.

El uso de un rodillo de cristal para masajear los senos

Bajo lentes científicos, la anatomía de los senos está compuesta de estructuras similares a raíces llamadas nódulos linfáticos. Estos nódulos linfáticos están dispersos alrededor del esternón, las axilas y los cuadrantes superior e inferior del seno. Por lo tanto, el seno es susceptible a la obstrucción de toxinas e impurezas, sobre todo para aquellas que tienen un estilo de vida pobre y niveles inadecuados de actividad física. Cuando se descuida, la obstrucción de toxinas en la zona de la mama puede conducir a enfermedades graves.

El masaje de los senos debe ser parte de la rutina diaria de cualquier persona. En primer lugar, pídele a la paciente que se acueste boca arriba. Pasa el cristal por la parte interior del pezón que va al esternón con ligeros movimientos circulares. A continuación, pasa por el cuadrante superior del pecho y rueda hasta la axila. Luego, usando movimientos horizontales, masajea el cuadrante inferior del pecho.

El uso de un rodillo de cristal para masajear el pie

Se puede usar un rodillo de cristal para disminuir la hinchazón de los pies. Asimismo, es una forma perfecta de consentir los pies después de un largo y cansado día. Esta herramienta puede incluso incorporarse en una sesión de spa para pies o de pedicura. Con suaves movimientos, masajea la planta del pie. Desde la fascia plantar, rueda hasta el talón con movimientos firmes hacia abajo. Repite como desees.

Capítulo 5: Limpieza, recarga y conservación adecuadas

Limpieza de los cristales

Al igual que el cuerpo humano, los cristales también pueden estar vacíos y desprovistos de energía. La limpieza de un cristal debe hacerse regularmente para llevarlo a su forma espiritual más alta y pura. Los cristales utilizados en la curación son más propensos a absorber energías negativas. Cuando se dejan sin limpiar, los poderes curativos del cristal pueden disminuir. Afortunadamente, hay varias maneras de limpiar un cristal, ¡y todas son bastante terapéuticas también!

Limpieza con agua salada

La sal es conocida por tener fuertes propiedades de limpieza, y es uno de los ingredientes más comunes usados en la limpieza de cristales. Para aplicar este método, llena un cuenco de cerámica con una solución salina. Se recomienda la sal marina, pero si no se dispone de ella, la sal de cocina normal puede ser una opción. Sumerge los cristales en el tazón de la solución salina durante un día o más. Cuanto más se usa el cristal, más limpieza necesita. Algunas personas incluso sumergen sus cristales durante una semana. Después de sumergirlos en la solución salina, lava los cristales con agua corriente para eliminar la sal restante que pueda estar adherida a la gema. Jamás recicles el agua salada usada, ya que esta ya ha absorbido las energías no deseadas y negativas de los cristales.

Sin embargo, existen varios cristales que no son adecuados para el agua salada. No se recomienda limpiar las gemas con contenido de agua y metal con este método. El agua salada puede destruir el aspecto del cristal y afectar negativamente a sus poderes. Ejemplos de estas gemas son el lapislázuli, el ópalo, la hematita y la pirita.

Limpieza con sal seca

Otra forma de limpiar un cristal es colocarlo en un tazón de sal pura. De nuevo, la sal marina es la mejor opción, pero la sal de cocina regular también servirá. Puedes sumergir el cristal completamente bajo la sal, o puedes simplemente dejarlo en la superficie. Luego, deja el cristal durante 24 horas, o incluso siete días si lo deseas, dependiendo de la cantidad de impurezas que haya absorbido. De nuevo, hay que tener cuidado de no usar este método con gemas porosas o con aquellas que tengan contenido de agua o metal.

Si crees que tienes un cristal poroso pero aún así quieres usar la sal como ingrediente de limpieza, entonces puedes seguir este método. Primero, pon la sal seca en un tazón o un vaso grande. Nuevamente, puedes elegir entre la sal marina y la sal de cocina normal. Luego, toma un vaso más pequeño y entiérralo en el tazón de sal. Coloca los cristales dentro del vaso pequeño vacío. A pesar de no estar en contacto directo con la sal, los cristales seguirán estando limpios. La sal todavía puede absorber todas las impurezas de las piedras. Sin embargo, esta técnica puede tardar más tiempo en surtir efecto.

También puedes tomar un poco de agua pura, mineral o destilada y verterla sobre el vaso pequeño con lo justo para cubrir los cristales. Este método reducirá las posibilidades de que los cristales estén en contacto directo con la sal.

Limpieza con humo

El humo es también un método común para limpiar el campo de energía de los cristales. Es el método de usar el humo de hierbas ardientes para purificar los cristales y limpiarlos de energías negativas. Primero, elige las hierbas que quieres usar. La salvia blanca es la hierba más comúnmente usada en la combustión, ya que se sabe científicamente que libera iones negativos en el espacio. La salvia no solo limpiará el cristal en sí, sino también su entorno. También se puede combinar con la lavanda. La hierba dulce y la Yerba Santa también pueden ser usadas.

A continuación, atar el manojo de hierbas para crear un palo y dejar que se seque. También hay varias tiendas de cristales que venden palos de hierbas pre-empaquetados. Trata este palo con profundo respeto ya que se considera sagrado, especialmente cuando se usa en rituales de purificación espiritual.

Una vez que el palo de hierbas comience a arder, abanícalo suavemente con una pluma. Si no tienes una pluma, puedes simplemente soplar el palo de hierbas. Entonces, deja que el humo rodee el cristal. Si no tienes un palo de hierbas, puedes usar incienso, pero asegúrate de que esté hecho de materiales naturales y que no contenga químicos tóxicos..

Limpieza a través de la visualización

El método de visualización es una forma sencilla de limpiar y recargar un cristal. No obstante, requiere una profunda conexión con la imaginación de uno. Debes poseer la habilidad de ver visualmente lo que estás imaginando para poder llevar a cabo este método con éxito. Tu corazón también debe estar en paz; enfocándose solo en tus intenciones.

Para hacer este método, visualiza que hay rayos de luz brillando sobre los cristales; como si la luz fuera una guía espiritual que viene de los cielos. Asimismo, visualiza que los cristales están rodeados por un rayo de luz blanca. Luego, crea que las luces están tomando las negatividades e impurezas de los cristales. Continúa haciendo esto hasta que finalmente veas y sientas que los cristales han sido limpiados.

Recargar el cristal

Hay una diferencia entre simplemente limpiar un cristal y recargarlo. Limpiar un cristal es eliminar todas las energías negativas que ha absorbido durante su uso. Recargar, por otro lado, es impregnarlo con energías positivas, sentimientos y vibraciones. Por lo tanto, después de limpiar el cristal, también es necesario recargarlo hasta que esté listo para el siguiente uso.

Recargando a través de la luz del sol y el baño de luz de la luna

Colocar los cristales bajo la luz del sol o la luz de la luna les dará vibraciones positivas. Tanto la luz solar como la luz de la luna emiten fuertes energías. Sin embargo, se dice que el sol es más poderoso que la luna. Otros se aprovechan de sus poderes combinados.

Para empezar, lava los cristales y sécalos con palmaditas. Llévalos a la tierra para un baño de luna primero; idealmente, justo después de la puesta del sol. Lo ideal es que los cristales se coloquen en una superficie natural. También puedes colocarlos en una rejilla de cristal si quieres.

Este método se hace mejor bajo luna llena ya que se dice que tiene una profunda energía restauradora. Deje que los cristales permanezcan bajo la luz de la luna hasta el próximo amanecer. Solo recuerda no dejar que los cristales permanezcan bajo la luz del sol por mucho tiempo para evitar el desvanecimiento de los colores.

Las nubes no traen ningún efecto a la energía de los cristales. Puedes aplicar el método de baño en la luna aunque esté lloviendo o esté nublado. Solo asegúrate de no mojar los cristales que no son aptos para el agua. Algunos ejemplos de cristales que no son adecuados para el agua son la Malaquita y la Selenita.

Recarga mediante el frotamiento de las manos

La purificación de las piedras también puede hacerse frotándolas con las palmas de las manos o simplemente sosteniéndolas. En este método, actuarás como el guía espiritual que dirigirá a los cristales en la liberación de todas sus energías negativas.

Como guía espiritual, tu mente y tu cuerpo deben ser limpiados primero. Lávate el pelo y el cuerpo y ponte ropa limpia. Limpia tu mente de todas las distracciones y pensamientos negativos; enfócate solo en tus intenciones con los cristales. También debes buscar un espacio libre de desorden. De esta manera, serás capaz de guiar a las piedras en un buen camino.

Almacenamiento del cristal

Los cristales pueden fortalecer las vibraciones y el aura incluso cuando no están en uso. El almacenamiento adecuado no solo puede profundizar los poderes de los cristales, sino que también profundiza tu vínculo con ellos. También los protege del polvo, evitando que se dañen.

Existen muchos tipos de materiales utilizados en el almacenamiento de los cristales, tales como cajas de vidrio, bolsas de seda, cajas de madera, bolsas con cierre de seguridad y geodas. Según muchos aficionados al cosmos, la seda y las telas tejidas a mano son el mejor lugar para descansar un cristal. Asegúrate de no poner los cristales bajo la luz directa del sol durante mucho tiempo, ya que al hacerlo se pueden desvanecer sus colores.

Si tienes varios tipos de cristales y quieres mantenerlos organizados, puedes agruparlos según el color, la asociación de chakras o los tamaños. Aunque, la mejor manera de organizar los cristales es de acuerdo a sus atributos físicos - tamaños y formas - porque los cristales pueden astillarse y rayarse cuando se agrupan de manera inapropiada. Por ejemplo, los cristales con bordes afilados pueden arañar otros cristales con superficies frágiles y lisas.

Capítulo 6: Eligiendo el cristal correcto

De los miles de cristales disponibles en la Tierra, ¿cómo se encuentra uno que se adapte a tus necesidades y personalidad? Recuerda que tú, como entidad individual en el universo, tienes tus propias vibraciones. Hay ciertos cristales que funcionarán bien para ti, y algunos que no gravitarán hacia tus frecuencias vibratorias.

Tomar un cristal que no se ajusta a tus vibraciones está perfectamente bien. Simplemente tienes que intentarlo de nuevo con el siguiente. Después de todo, los curanderos cósmicos afirman que no se elige el cristal correcto, pero el cristal correcto te elige a ti. Al igual que en cualquier otra cosa en la vida, la elección de un cristal puede requerir un poco de paciencia de tu parte.

Cuando estés en el limbo, busca ayuda del universo. Pedir orientación al universo es lo primero que hacen los curanderos cósmicos. Si eres un firme creyente de la capacidad del universo para bañarte con señales, entonces puedes considerar dar este paso. Realizar una investigación completa sobre las propiedades metafísicas de un cristal no es un requisito en esta técnica. Solo tienes que confiar en que el universo te dará la piedra adecuada para ti.

Pedir orientación al universo no es nada complicado. Solo tienes que pedir señales a través de la meditación, pensamientos profundos y oraciones. Confía en que el universo tiene un profundo respeto por tus poderes espirituales y siempre está escuchando.

Otra manera de elegir el mejor cristal es observando cómo reacciona tu alma a él. Siente las vibraciones de la piedra en tus manos. Aprieta suavemente el cristal y observa si te aporta sensaciones emocionales o físicas. Observa si el cristal tiene un efecto tentador en ti. Esto puede traerte una sensación de energía, calor o tranquilidad.

Capítulo 7: Los cristales y sus poderes

En este capítulo, encontrarás una lista completa de los diferentes tipos de cristales junto con los poderes y habilidades curativas que poseen. Todos los cristales son únicos y están equipados con diferentes energías y propiedades. Al elegir el correcto, considera tus intenciones personales para usar el cristal.

A pesar de sus poderes, los cristales tratados en este capítulo no son poco comunes. Se pueden encontrar fácilmente y, lo que es más importante, no son muy caros.

Estos cristales se clasifican en función de sus colores. Identificar el color de un cristal te ayudará a determinar con qué chakra está asociado, dándote un análisis más fácil de si un cristal es el mejor para la curación física, emocional o espiritual.

Los cristales y sus poderes basados en los colores

Cristales azules

Por muy tranquilos y calmantes que sean para los ojos, los cristales azules se asocian con la curación de los desajustes de energía emocional y física. Representando la tranquilidad del cielo, el océano y el agua, se dice que los cristales azules poseen la serenidad de los cielos. Estas gemas son especialmente efectivas en la curación del estrés y la ansiedad. Además promueven la relajación y la libre comunicación; la capacidad de aceptar las cosas como son, en contra de la agitada cultura actual de forzar las cosas debido a la impaciencia de la gente.

Angelita – como una piedra para el chakra del corazón, la Angelita es buena para curar los desequilibrios energéticos de la tiroides. También reduce el dolor, especialmente si se debe a una quemadura de sol. Tomando como referencia su nombre, esta piedra abre una conexión más profunda con sus ángeles de la guarda. Por lo tanto, promueve la paz y el perdón mientras reduce la tensión y el estrés del cuerpo. También es genial para las personas que tratan con problemas de manejo de la ira.

Ágata de encaje azul - esta gema ayuda a la curación de problemas respiratorios y de garganta. Esta piedra también se recomienda para la curación mental. Gracias a su color azul, emite vibraciones calmantes y tranquilizantes que promueven la paz mental. Es buena para curar el estrés y la ansiedad.

Apatito azul – esta gema aumenta el metabolismo; por lo tanto, es adecuada para las personas que tienen problemas de pérdida de peso. Presenta efectos generales en la curación de los órganos y glándulas del cuerpo. Conocido como un fuerte cristal inspirador, el Apatito Azul estimula la creatividad mental y promueve la claridad mental.

Celestita – En términos de curación física, la Celestita elimina las toxinas del cuerpo que son causadas por la tensión y el estrés. Ayuda en la curación de trastornos digestivos y otras enfermedades como la fiebre y las infecciones. La celestita protege los intestinos de los parásitos que también causan infecciones. También cura los problemas relacionados con los ojos, los oídos y la garganta. Es una piedra espiritual que ayuda a combatir la tristeza, la ansiedad y otros estados de ánimo pesados. Tiene una vibración suave y edificante. También se cree que atrae a los ángeles a tu alrededor.

Crisocola – La crisocola es ideal para la curación de enfermedades relacionadas con la laringe y la garganta. Ayuda al buen funcionamiento de las glándulas suprarrenales y la tiroides. Esta gema se recomienda a las mujeres embarazadas, ya que promueve un embarazo feliz, especialmente durante el crucial primer trimestre. Asimismo, alivia el dolor que se experimenta durante la menstruación. Cura el dolor y los problemas relacionados con las caderas y las articulaciones de la cadera. La capacidad de expresarse y comunicarse claramente son dos de los beneficios espirituales más fuertes de la Crisocola. También es calmante y promueve la paz mental. Trae relajación y calma durante los períodos de cambio y transición. También puede traer amor a tu vida.

Dumortierita – este cristal es comúnmente usado por los curanderos de cristal en el tratamiento de la epilepsia y la hipersensibilidad. También cura dolencias relacionadas con la tiroides y la paratiroides, así como trastornos de la piel como las quemaduras de sol. Este cristal también se utiliza en el tratamiento de problemas intestinales como la diarrea y el dolor de estómago. Alivia los dolores de cabeza, las náuseas, los calambres, los vómitos, así como los síntomas negativos del embarazo. Este cristal también está destinado al chakra del tercer ojo. Da una paciencia desbordante, fuerza de voluntad y perspicacia. La Dumortierita es la piedra del intelecto; mejora especialmente las habilidades matemáticas y del lenguaje.

Labradorita - La labradorita limpia el cuerpo de toxinas. Esta piedra es ideal para las mujeres que sufren de desequilibrio hormonal. También se recomienda para aquellos que tienen una mala salud cardíaca. La labradorita es una gema de poder y destino. Puede ayudarte a transformarte en la persona que estás destinada a ser. Ayuda a dar un suministro de energía desbordante, y protege tu aura en general actuando como un escudo energético.

Lapislázuli – El lapislázuli ayuda a inducir un sueño bien descansado; haciéndote más feliz y recargado para el día siguiente. Tiene buenas propiedades curativas, incluyendo el tratamiento del dolor de cabeza, vértigo, dolores corporales y el síndrome premenstrual. Es una gema de perspicacia, conciencia y verdad. El lapislázuli es una piedra de protección y manifestación; ayudándote a convertir tus sueños en realidad.

Jaspe oceánico - El jaspe oceánico ayuda a mantener el equilibrio adecuado de los niveles de yodo y sodio en el cuerpo. Contribuye a que el cuerpo absorba más vitaminas y minerales. También ayuda en el drenaje del sistema linfático, y restaura los tejidos en los órganos internos. El jaspe oceánico también ayuda a aliviar la retención de agua en el cuerpo. Este cristal puede llevarte a un estado de verdadera felicidad. Eleva el espíritu y calma la mente y el cuerpo para fomentar la alegría en el momento presente.

Mineral de pavo real - Conocida como la "Piedra de lo Místico", el mineral de pavo real tiene la rara habilidad de ayudar a encontrar objetos perdidos. Se cree que ayuda a desarrollar la visión interna de alguien. A menudo se combina con técnicas de curación como la acupresión y la acupuntura. El mineral de pavo real alivia la presión causada por los tumores y restaura el ADN del cuerpo. También puede curar enfermedades respiratorias contagiosas. Fomenta nuevas ideas y fortalece las energías creativas. El mineral de pavo real es también un cristal de felicidad, creatividad, bendiciones e innovación.

Sodalita - Esta gema tiene efectos tranquilizantes y equilibrantes en el cuerpo debido a su alto contenido de calcio, manganeso y sal. Es el cristal para la inspiración, la confianza, la intuición y la comunicación.

Turquesa - La turquesa es un cristal para el chakra de la garganta que promueve la comunicación basada en la honestidad y los verdaderos deseos e intenciones del corazón. Tiene poderes vibratorios que sirven como una profunda conexión entre el cielo y la tierra. Estos poderes hacen que sea conocido como el maestro sanador.

Cristales negros

Los cristales negros están vinculados al poder, el misterio y la protección. La humanidad está acostumbrada a asociar el negro con el miedo y lo desconocido. Al representar el color del cielo nocturno durante la ausencia de la luz de las estrellas, el negro es a menudo temido y se cree que es un color de mala suerte. Durante mucho tiempo, la gente ha asociado el negro con la muerte y el peligro. Sin embargo, los entusiastas cósmicos creen que el negro es en realidad un color positivo. Muchos amuletos vienen en el color negro, ya que en realidad representa la protección o el estar oculto de los enemigos. Los cristales negros también se asocian con el chakra de la raíz.

Basalto - este cristal se crea a partir de la lava basáltica enfriada de un volcán. Es un cristal volcánico oscuro que aumenta los niveles de energía del cuerpo. También fomenta la estabilidad y el coraje, por lo que se le dio el apodo de "animadora espiritual". El basalto es un fuerte guía espiritual. Viviendo con el rastro del intenso poder de los volcanes, esta piedra ya ha ganado mucha experiencia bajo la tierra. Ha sufrido transformaciones a lo largo del tiempo. Por lo tanto, el basalto es la piedra de la sabiduría. Te anima a ser un guerrero del universo; viajando en la búsqueda de la felicidad.

Cianita Negra - esta piedra de equilibrio puede curar los desajustes en los chakras liberando los bloqueos en cada centro. Es buena para la protección de la energía y para limpiar las cosas que ya no están conectadas con su realidad espiritual más alta. Conocida como la Piedra del Renacimiento, la Cianita Negra limpia el cuerpo de energías negativas y las reemplaza con las positivas.

Obsidiana negra – en términos de curación física, la Obsidiana Negra es la gema para combatir los problemas digestivos. Además ayuda a bajar la presión sanguínea, cura las dolencias de la vesícula biliar y mejora el estado del corazón. También ayuda a combatir las infecciones virales y contribuye al fortalecimiento de los tejidos musculares. La obsidiana negra es la gema de la verdad; te da la habilidad de discernir los misterios más profundos de la gente que te rodea, y de la vida en general. Esta piedra tiene una fuerte vibración que puede despertar la espiritualidad de alguien. Ayuda a limpiar tu aura en general conectándote a las vibraciones de la tierra y eliminando las negatividades. La protección psíquica también puede ser dada por una Obsidiana Negra.

Obsidiana arco iris - este cristal cura el corazón, no solo de sus dolencias físicas, sino sobre todo de sus experiencias traumáticas. Esta piedra es ideal para las personas que sufren de dolor emocional como cuando experimentan la muerte de un ser querido, o una ruptura. Limpia el estado emocional general del cuerpo.

Ónix negro - Una piedra protectora y poderosa, el Ónix Negro tiene propiedades curativas mentales. Puede calmar tus miedos protegiendo tu cuerpo, mente y espíritu de las energías negativas. Como resultado, te sentirás más seguro y protegido.

Turmalina negra - Sus propiedades curativas incluyen la reducción de los síntomas y el dolor en el sistema muscular. Además, cura los problemas de la columna vertebral y los intestinos. Puede combatir los ataques de alergia y protegerte de las radiaciones dañinas que pueden ser captadas por los aparatos electrónicos. La Turmalina Negra es un cristal fuerte para el bienestar holístico. La Turmalina Negra protege el equilibrio general de las energías en los chakras. Libera los bloqueos de energía en el cuerpo.

Índigo Gabbro - El índigo Gabbro puede utilizarse para curar dolencias relacionadas con el corazón. También se dice que cura esguinces y moretones. Es una gema intuitiva y mágica que alinea sus energías con el centro de la tierra; así, promueve la concentración mental y ayuda a alejar las distracciones. Sus propiedades metafísicas la hacen conocida como la "Piedra Sabia". El índigo Gabbro es también una piedra espiritual que te ayuda a alinearte con el reino espiritual. Por lo tanto, esta gema es buena para la meditación.

Nuumita – La nuumita se recomienda a los que sufren de diabetes. Es buena para la producción y regulación de la insulina. También se recomienda a aquellos que tienen baja presión sanguínea y azúcar en la sangre. Esta gema también es buena para curar el insomnio. La nuumita también despeja las energías externas para limpiar el campo energético interno. La nuumita es una de las piedras más antiguas de la tierra; existe desde hace más de tres mil millones de años.

Cristales marrones

Con sus vibraciones terrenales, los cristales marrones son conocidos por absorber las energías negativas del cuerpo. Al representar visualmente todo tipo de vida en la Tierra, los cristales marrones te ayudarán a conectarte más con los demás; dándote la destreza para entender las situaciones y problemas de otras personas. Promueve un sentido más fuerte de la conciencia en el mundo en el que vives. Los cristales marrones también son útiles para la seguridad y la estabilidad.

Cornalina – esta gema aumenta la fertilidad y promueve el buen funcionamiento de los órganos reproductivos tanto de hombres como de mujeres. La cornalina también promueve un buen suministro de sangre a los tejidos y órganos. Ayuda en el metabolismo y puede aliviar los síntomas de los calambres menstruales. Ayuda en la curación del reumatismo, la artritis y los problemas de espalda. Este cristal tiene numerosos beneficios ya que se dirige a los tres primeros chakras del cuerpo. Por lo tanto, ayuda a promover energías creativas desbordantes, aumenta la confianza y la sexualidad, y fortalece la vitalidad y el coraje.

Jaspe – los pacientes que sufren de deterioro de los tejidos pueden beneficiarse de las propiedades curativas del Jaspe. También cura enfermedades relacionadas con el bazo, los riñones, el hígado, la vejiga y el estómago. El jaspe también equilibra los minerales del cuerpo como el zinc, el hierro, el manganeso y el azufre. Es conocido como el símbolo de la sangre de la tierra. Puede llevarte a una conexión más profunda con la naturaleza.

Cuarzo ahumado – como una piedra que se irradia naturalmente, el Cuarzo Ahumado contradice los efectos de la radiación. Por lo tanto, ayuda a la curación de las quemaduras de sol y también puede ser bueno para los que se someten a quimioterapia. Es una gema estabilizadora que cura el corazón y la mente de las energías negativas como los celos, el estrés, el miedo y la ira.

Cristales amarillos y dorados

Estos colores te recordarán al sol en su momento más poderoso: el mediodía. Los cristales amarillos y dorados traen un poco de sol a tu vida siendo las piedras de la alegría y el optimismo. Los cristales amarillos y dorados se asocian con el plexo solar y los chakras sacros. Son las piedras de la sexualidad, la fuerza de voluntad y las emociones. Promueven la confianza y el confort en tus propias habilidades y creatividad. Te ayudarán a transformarte de ser un seguidor tímido a un líder fuerte. También son las piedras para la claridad y el propósito; ayudándote a ver las cosas desde una perspectiva más clara y brillante. Gracias a los cristales amarillos y dorados, recibirás cada día sintiéndote refrescado y lleno de optimismo y entusiasmo.

Citrino – El citrino es bueno para fortalecer la energía física y la resistencia del cuerpo. Se recomienda a las personas que sufren del Síndrome de Fatiga Crónica. Estimula la digestión y fomenta un metabolismo adecuado. También alivia las alergias e irritaciones de la piel, especialmente si son causadas por la intolerancia alimentaria. Esta piedra también mantiene la salud del cabello, la piel y las uñas. El citrino está incluido en la lista de cristales con cero energía negativa. Es una piedra que fomenta la abundancia, la felicidad, la luz y la manifestación.

Pirita - conocido como el Oro del Tonto, la Pirita tiene un brillo metálico brillante. Tiene la capacidad de limpiar el oxígeno que circula en el cuerpo; promoviendo un buen desempeño general del sistema cardiovascular. Ayuda a fortalecer la memoria y proporciona ayuda a aquellos que sufren de trastornos cognitivos y discapacidades de aprendizaje. Físicamente, la superficie de este cristal tiene un claro reflejo que actúa como un escudo contra las energías negativas. Atrae la riqueza, la prosperidad y el éxito.

Mookaite – en términos de curación física, el Mookaite previene el deterioro de los órganos internos y ayuda a restaurar los tejidos. Ayuda en la curación de enfermedades relacionadas con el sistema digestivo, el riñón y la vejiga. Está disponible en diferentes colores terrosos y vibrantes. El Mookaite te ayuda a superar tu zona de confort y despierta tu lado aventurero. Se le llama la "Gema del entonces y el ahora"; ayudándote a estar agradecido del pasado, a disfrutar del presente y a tener esperanza en el futuro.

Ojo de Tigre – Este cristal se utiliza en la curación de problemas relacionados con el sistema endocrino y es capaz de restaurar el equilibrio bioquímico del cuerpo. Como es una piedra asociada a la luz del sol, se recomienda a aquellos que son propensos a las pesadillas. El Ojo de Tigre cura los aspectos pesimistas de una persona, y aumenta sus sentimientos de positividad. Es una gema solar para la voluntad, el poder personal, la fuerza y el coraje. Por lo tanto, también ayuda a atraer riqueza, prosperidad y oportunidades.

Cristales verdes

Las piedras con colores verdes tienen efectos equilibrantes y curativos en las emociones de las personas, ya que son cristales del chakra del corazón. El color verde se asocia con la riqueza, la abundancia y la prosperidad. Representando los colores de las energías de la naturaleza y la belleza de la vida; los cristales verdes promueven el crecimiento, la armonía, el equilibrio y el aprendizaje. Son considerados como maestros sanadores y son muy seguros. Por lo tanto, si no estás seguro de qué cristales elegir, siempre puedes optar primero por una piedra verde, ya que se considera una gema completa.

Crisoprasa – Se cree que es la piedra de la diosa griega Afrodita, la crisoprasa aporta grandes beneficios al chakra del corazón. Alienta la apertura del corazón para que entre el amor. También atrae el optimismo, la alegría y la felicidad. Promueve el auto-amor, el auto-crecimiento, la empatía y el perdón.

Fuchsita – Conocida como la Piedra del Sanador, la Fuchsita tiene muchas propiedades curativas. Cura migrañas, mareos, vértigos y otras enfermedades relacionadas. Fortalece el sistema inmunológico. Puede actuar como un analgésico natural para algunas condiciones como problemas musculares, desalineación espinal y síndrome del túnel carpiano. La Fuchsita es una de las gemas favoritas de las mujeres por sus manchas que parecen polvo de hadas. Su brillo dorado y verde lo hizo conocido como el "Cristal de Hada". La Fuchsita puede abrir el corazón para una experiencia de amor más profunda. Fomenta la relajación, la alegría y los milagros. La Fuchsita es la gema de la renovación y el rejuvenecimiento. Te ayuda a atraer una perspectiva más fresca en la vida y a acercarte a las cosas con emoción.

Aventurina - esta piedra no es conocida por sus propiedades curativas de enfermedades físicas, mentales o espirituales. Sin embargo, muchos entusiastas y pacientes todavía eligen la aventurina como parte de sus rituales, ya que se sabe que intensifica la suerte de la persona. Específicamente atrae más prosperidad y riqueza. También se cree que mejora el sentido del humor.

Piedra de sangre - como su nombre sugiere, la piedra de sangre es un buen limpiador de la sangre. Ayuda a la circulación de la sangre y regula el flujo sanguíneo. Por lo tanto, se recomienda para los pacientes que sufren de leucemia. Esta gema desintoxica el bazo, los riñones, los intestinos, la vejiga y el hígado. La piedra de sangre es buena para las personas que tienen baja energía y un sistema inmunológico débil. Además de mejorar la energía liberando bloqueos, también mejora la resistencia y el vigor.

Jade – Los antiguos practicantes chinos fueron los pioneros en usar el Jade como piedra curativa. Se conoce como una piedra de limpieza. Promueve el buen funcionamiento de los sistemas de filtración del cuerpo y los órganos de eliminación. El jade equilibra la proporción de fluidos (como la proporción alcalina y ácida) en el cuerpo y elimina las toxinas. Además, ayuda a la curación de los sistemas esqueléticos y celulares. El jade se recomienda a los pacientes que acaban de someterse a cirugías reconstructivas o plásticas debido a su capacidad para aliviar el dolor. Esta gema es una buena compañera para fijar metas, ya que te ayuda a convertir tus sueños en realidad. Es una piedra de abundancia y prosperidad.

Jaspe Kambaba – esta piedra ayuda al funcionamiento del sistema digestivo y refuerza el sistema inmunológico. Ayuda en el crecimiento celular y proporciona efectos calmantes a los nervios. El jaspe Kambaba ayuda a asegurar que los minerales y las vitaminas se distribuyan adecuadamente en el cuerpo. También es una gema de la fertilidad. El jaspe Kambaba trae la alineación de la mente, el cuerpo y el espíritu. Siendo la piedra de la tranquilidad y la paz, alivia el estrés y te da el valor para enfrentarte a tus miedos.

Malaquita – esta piedra de aspecto elegante tiene el poder de protegerte de ser enfermizo. Se recomienda para las mujeres ya que tiene la capacidad de curar las dolencias femeninas. Promueve la fertilidad y alivia el dolor menstrual. La malaquita limpia y restaura el chakra del corazón. Aumenta la claridad mental para liberar los pensamientos desenfocados y los sentimientos caóticos.

Ágata musgosa - Fuera lo viejo, dentro lo nuevo; el Ágata musgosa libera los viejos hábitos y alienta los nuevos comienzos. Tiene fuertes vibraciones de la tierra y la naturaleza; convirtiéndola en un cristal para la abundancia y la riqueza. El ágata musgosa previene la hinchazón del cuerpo ayudando al suave flujo del sistema linfático. Actúa como antiinflamatorio para el cuerpo.

Rubí Zoisita – El Rubí Zoisita tiene la capacidad de curar las emociones, especialmente de los que sufren de depresión. Es una mezcla de Zoisita terrenal y Rubí combativo. Como es el cristal de la paciencia y la pasión, también puede sanar el corazón y alinear las energías femeninas y masculinas. Se dice que el Rubí Zoisita cura dolencias relacionadas con temas ginecológicos como la infertilidad.

Cristales anaranjados

Los cristales anaranjados están asociados con el chakra sacro. Como el poder del sol, los colores naranjas despiertan la pasión del espíritu. Tienen un rastro de las características ardientes del rojo, pero se atenúan con un espíritu más ligero. Los cristales naranjas despiertan el sentido de la creatividad, la confianza y el entusiasmo. El naranja es un color fuerte que también refleja el poder personal. Agregan un poco de picante a la vida fortaleciendo la creatividad mientras te ayudan a seguir la corriente, especialmente cuando pasas por una fase de transición en la vida. Los cristales naranjas crean un parpadeo en tu fuego interior para animarte a ser más creativo y avanzar en la vida.

Calcita naranja - como una piedra para la sexualidad y la creatividad, la Calcita Naranja es una piedra energizante que promueve la energía positiva. Se recomienda llevar una Calcita Naranja contigo siempre que vayas a entrar en una nueva fase de la vida. Esta piedra se recomienda a aquellos que a menudo se molestan con pensamientos suicidas, ya que tiene energías protectoras contra el daño a sí mismo.

Cuarzo Mandarina – El Cuarzo Mandarina es una piedra del chakra sacro. Favorece la sexualidad, la creatividad y el equilibrio sexual. Por lo tanto, te ayuda a mantener un buen equilibrio entre tus cualidades de dar y recibir en términos de relaciones con los demás.

Cristales rosados

Siendo la sombra de la compasión y el amor, los cristales rosados están destinados a curar el chakra del corazón. Los cristales rosados son grandes factores que abren el corazón. El color rosa es una mezcla de rojo y blanco. El rojo representa las emociones ardientes del corazón, pero se suaviza con el color blanco que es calmante y puro. Los cristales rosados ayudan a llevarte a una vida desbordante de compasión, aceptación y comodidad. Al tener un color femenino, los cristales rosados son también las piedras de la belleza. Tienen una energía suave y apacible, promoviendo el calor en el corazón y el alma.

Alientan el discernimiento, la creatividad, y una conexión más profunda con tu entorno también. Los cristales rosados también traen ayuda profesional ya que liberan el estrés y los pensamientos negativos. Físicamente, ayudan a curar los problemas relacionados con los niveles de azúcar en la sangre del cuerpo.

Kunzita - La kunzita es llamada La Piedra de la Madre porque es adecuada para las madres jóvenes que se preocupan por los desafíos de la crianza de los hijos. Especialmente ayuda a dormir a los niños pequeños, y les ayuda a tener un buen descanso nocturno también. La kunzita es una piedra poderosa que puede curar la ansiedad y la depresión. También puede ayudar a las personas que luchan contra la adicción. En términos de curación física, estimula el sistema circulatorio y promueve músculos cardíacos más fuertes.

Cuarzo Lemuriano – las propiedades curativas del Cuarzo Lemuriano se asocian con el tratamiento de trastornos circulatorios y problemas de la columna vertebral. Promueve estructuras venosas más fuertes y limpia el cuerpo de toxinas dañinas. También es beneficioso para la curación de la memoria celular y se recomienda a los que acaban de sufrir un derrame cerebral. El Cuarzo Lemuriano, un cristal apodado "escalera al cielo", promueve la unidad y anima a amar la individualidad.

Cuarzo de Litio - una de las gemas más llamativas, el Cuarzo de Litio tiene un suave color rosado producido por su componente natural de litio. El litio se utiliza ampliamente en la fabricación de píldoras anti ansiedad y antidepresivas. Por lo tanto, el Cuarzo Litio puede ayudar a curar enfermedades mentales. Tiene una mezcla de propiedades fuertes y suaves que promueven el equilibrio físico, espiritual y mental.

Rodonita - conocido como el "Cristal de Rescate", la Rodonita tiene fuertes propiedades curativas que alejan la sensación de miedo. Es la gema de la compasión y el perdón; por lo tanto, ayuda a la curación de relaciones problemáticas. Si tu relación te ha traído muchos traumas y sientes que toda tu energía emocional y física se ha agotado por ello, entonces, la Rodonita es la piedra para ti. También puede ayudar en la curación de las úlceras de estómago y enfermedades del hígado.

Cuarzo rosa - Otra piedra femenina muy conocida, el Cuarzo Rosa cura el chakra del corazón y lo abre para atraer todo tipo de amor - amor romántico, amor propio, amor al país, amor a todo lo que hay en el universo. Ya que es un cristal fuerte para el corazón, es bueno para curar el dolor emocional. También aumenta la confianza o la autoestima. El cuarzo rosa ayuda a la curación de enfermedades relacionadas con la salud del corazón, y promueve la buena circulación de la sangre. Hace que los músculos del corazón sean más fuertes, ayudando así a prevenir ataques cardíacos y trombosis. También se sabe que cura el insomnio, la depresión y otras enfermedades mentales.

Cristales grises

El color gris representa la inmensidad del universo ya que es una sombra de la luz de la luna. Los cristales grises son conocidos como piedras protectoras. Fomentan el retiro y el descanso. Por lo tanto, los cristales grises son útiles para aquellos que están abrumados con su mundo. Usar un cristal gris puede animar a hacer una pequeña pausa primero para curar sus heridas emocionales no reconocidas.

Hematita – La hematita ha sido una piedra curativa desde la antigüedad por su contenido en hierro. Puede curar enfermedades relacionadas con el sistema circulatorio, especialmente el corazón. Al ser una piedra terrosa, elimina las negatividades del cuerpo; por lo tanto, te hace más tranquilo. También te ayuda a sentirte más centrado y equilibrado; desarrollando tu sentido del pensamiento lógico.

Shungite - Con unos dos mil millones de años de existencia, la Shungite también es conocida como la "Molécula Milagrosa de la Tierra" porque puede absorber energías peligrosas para la salud en el cuerpo. También es una piedra poderosa para la desintoxicación del cuerpo.

Cristales púrpura

Con un innegable brillo mágico, los cristales púrpura poseen el poder de amplificar las energías. Conocido como el color de la intuición y la iluminación, el púrpura proporciona un efecto calmante y curativo a las emociones, sobre todo cuando se usa junto con otras gemas del chakra del corazón. Los cristales púrpura irradian un atractivo exótico y apasionado. Los cristales púrpuras son símbolos de realeza, magia, buen juicio y misterio. Proporcionan efectos calmantes para los nervios, ayudándote a liberar pensamientos no deseados. Pueden elevar tu estado de ánimo y devolverte tus emociones a un equilibrio total incluso con solo sujetarlos.

Amatista – La amatista tiene las propiedades de curar el estado de paz de una persona. Es una buena piedra para lidiar con el estrés y la ansiedad. Es una piedra que abre más que la simple intuición, y alienta el crecimiento espiritual y la fuerza interior. La amatista es lo mejor de los dos mundos, puede atraer simultáneamente energía positiva mientras limpia lo negativo. Desde el punto de vista físico, la amatista puede curar enfermedades del sistema endocrino y problemas hormonales.

Es una buena piedra para fortalecer el sistema inmunológico, y actúa como un ayudante en el metabolismo. También tiene propiedades de limpieza de la sangre. La amatista se recomienda a los pacientes que se están recuperando de un cáncer. Es buena para tratar los dolores de cabeza ya que tiene una poderosa combinación de efectos calmantes y curativos.

Lepidolita - La lepidolita está hecha naturalmente de un elemento llamado Litio, lo que la convierte en una gema perfecta para aliviar la ansiedad y el estrés. Favorece la relajación y trae calma emocional. Esta piedra se recomienda especialmente para aquellos que están pasando por una transición difícil y dolorosa en su vida; como cuando están de luto. La lepidolita puede ayudarles a superar fácilmente la fase de luto y a encontrar razones para sentir felicidad de nuevo.

Cristales rojos

Los cristales rojos se asocian con el chakra de la raíz ya que el rojo representa la fuerza de la vida y la pasión. Poseen el poder de energizar el cuerpo, la mente y el espíritu. Los cristales rojos también promueven el coraje y la motivación. Si necesitas un impulso adicional para lograr un sueño, o si simplemente quieres revivir tu lujuria por la vida, los cristales rojos pueden traer inspiración y pasión a tu vida. También simbolizan la prosperidad, la calidez y la vitalidad.

Granate – esta gema aumenta los niveles de energía física y fortalece el sistema inmunológico. Regenera el ADN y purifica la sangre, el corazón y los pulmones. Este cristal se adapta bien al chakra de la raíz, ya que te mantiene conectado a tierra y alineado contigo mismo. Es un cristal de la pasión que promueve el buen flujo de energías en todo el cuerpo. El granate también es popular por su habilidad de atraer tanto el amor como la riqueza a tu vida. También es una piedra para la pasión y la inspiración; promoviendo relaciones fuertes y duraderas.

Jaspe Rojo - como una piedra para la motivación, el Jaspe Rojo cura los bajos niveles de energía en el cuerpo; dándote más vitalidad para actuar en la vida. Esta piedra se recomienda a aquellos que hacen ejercicio activamente. Puede acelerar y mejorar los efectos del ejercicio ya que tiene la capacidad de generar tejido muscular. También fomenta una actitud positiva, estabilidad y protección. El jaspe rojo es también una piedra femenina para la confianza en sí mismo y el fortalecimiento.

Piedra del Sol – La piedra del sol se usa para curar las úlceras de estómago y el dolor de garganta. Esta piedra se recomienda a aquellos que siempre tienen pesadillas. Como su nombre lo sugiere, la Piedra del Sol tiene una conexión muy fuerte con las energías del sol. Por lo tanto, es una piedra alegre y ligera. Tiene propiedades protectoras y promueve la fuerza, la creatividad, el poder y las cualidades de liderazgo.

Cristales blancos

Estas son buenas piedras curativas ya que el blanco representa la purificación y la transformación; simboliza la luz después de un período de oscuridad. Los cristales blancos tienen fuertes energías psíquicas ya que están regidos por la luna. Trabajan bien junto con cualquier otro cristal, o incluso pueden ser usados como sustituto de cualquier tipo de color. Los cristales blancos ayudan a reavivar la paz, la serenidad y la calma en tu vida. También son piedras femeninas que representan el nacimiento y la regeneración, la libertad y la esperanza.

Apofilita - Conocida como la piedra que emana luz para recargar el alma, la Apofilita es buena para la curación de los problemas internos de preocupación y miedo. Es una piedra altamente vibratoria que también combate la ansiedad y el estrés. Cuando se usa en la meditación, puede traer una conexión muy fuerte con el reino espiritual. A veces, la gente encuentra a la Apofilita muy abrumadora debido a sus fuertes poderes espirituales. Cuando uses esta piedra en la meditación, asegúrate de preparar una botella de agua o una pequeña cantidad de comida para mantenerte conectado a tierra después de la experiencia espiritual.

Cuarzo claro – El Cuarzo Claro es considerado como un maestro sanador y es aplicable a casi cualquier tipo de condición física o emocional. Este cristal se usa comúnmente como base de diseños de curación ya que refuerza las energías de otros cristales con los que entra en contacto. Aporta equilibrio al cuerpo al mejorar el flujo de energía y estimular los sistemas circulatorio e inmunológico. Al parecer cura enfermedades como el vértigo, el mareo o los mareos y las migrañas. También ayuda al metabolismo y a la pérdida de peso. Como su nombre lo sugiere, el Cuarzo Claro promueve la claridad mental y ayuda a atraer el cumplimiento de todas sus otras intenciones.

Piedra lunar - este es uno de los cristales más femeninos. Conocido como la gema del destino, tiene fuertes vibraciones de la luna que equilibran las energías femeninas en el cuerpo. Esto es mejor para las mujeres que quieren atraer la fertilidad. Promueve también el ritmo adecuado de las fuerzas biológicas del cuerpo; ayudando al crecimiento adecuado de los niños y frenando la degradación de los ancianos. Ayuda a mantener el cabello, la piel, los ojos y los órganos carnosos del cuerpo saludables.

Selenita – En términos de curación física, la Selenita ayuda en el tratamiento de cánceres y tumores. Ayuda en la curación de dolencias relacionadas con el sistema esquelético. La curación y la limpieza del cuerpo de energías negativas es una tarea fácil para una selenita. Es una piedra para la limpieza. Cura la mente fomentando la claridad mental y una sensación de paz tranquilizadora.

Cristales de arco iris

Bendecidos con los colores naturales de la vida, los cristales arco iris son buenos recordatorios para seguir disfrutando y apreciando la belleza natural que te rodea. Estos representan la esperanza, el optimismo, la paz, la felicidad y el coraje. Se sabe científicamente que los arco iris son producidos por la luz. En consecuencia, cada cristal de arco iris es un recordatorio de que la luz no puede pasar a través de la vida de alguien si su mente y su corazón están apagados. Los cristales de arco iris son sanadores emocionales naturales.

El Cuarzo Aura Llama – en términos de curación física, esta gema ayuda en el tratamiento de enfermedades óseas incluyendo la Esclerosis Múltiple. También ayuda en el tratamiento de la diabetes. Ayuda a estimular el sistema inmunológico de las personas diagnosticadas con SIDA. Esta gema también es conocida como el cuarzo arco iris o el cuarzo de titanio. Disminuye el sentido de duda y miedo de alguien. Su energía de arco iris ayuda a despertar su sentido de propósito espiritual.

Fluorita - La fluorita es el cristal de la mente, dándote un estado mental claro y un enfoque más agudo. Esta gema está recomendada para las personas que sufren de problemas de aprendizaje y de déficit de atención porque ayuda a combatir las distracciones. Contribuye a detener la intolerancia y ayuda a atraer la creatividad y las nuevas ideas a tu vida. En términos de curación física, la fluorita ayuda en el tratamiento de problemas de la piel. También cura dolencias relacionadas con el sistema respiratorio, el cerebro, los nervios, e incluso alergias y resfriados.

Conclusión

Una vez más, gracias por tomarte el tiempo de leer este libro sobre la curación con cristales.

En esta etapa, deberías tener un buen entendimiento de los diferentes cristales que pueden ser usados para la curación, ¡y cómo usarlos para una variedad de beneficios!

Ahora es el momento de reunir los cristales que deseas, y empezar a usarlos para mejorar tu propia vida, y la de los que te rodean.

Finalmente, si disfrutaste de este libro, por favor tómate el tiempo de dejarme una reseña en Amazon. ¡Los comentarios positivos realmente me ayudan a continuar produciendo estos libros!

Milton Keynes UK
Ingram Content Group UK Ltd.
UKHW021948280324
440175UK00015B/986

9 781761 036590